Impressum
Verlag: BABADADA GmbH, Nedderfeld 112 , 22529 Hamburg
Geschäftsführer / Verlagsleitung: Harald Hof
Druck: Books on Demand GmbH, In de Tarpen 42, 22848 Norderstedt

Imprint
Publisher: BABADADA GmbH, Nedderfeld 112 , 22529 Hamburg, Germany
Managing Director / Publishing direction: Harald Hof
Print: Books on Demand GmbH, In de Tarpen 42, 22848 Norderstedt, Germany

škola

escuela

třída
aula

dělit
dividir

186/2

tabule
pizarra

školní hřiště
patio

učitel
maestro/a

papír
papel

psát
escribir

pero
bolígrafo

psací stůl
escritorio

pravítko
regla

kniha
libro

žák
alumno/a

aktovka

cartera

penál

caja de lápices

tužka

lápiz

ořezávátko

sacapuntas

guma

goma de borrar

blok na kreslení

cuaderno de dibujo

výkres

dibujo

štětec

pincel

malířské potřeby

caja de pinturas

nůžky

tijeras

lepidlo

pegamento

cvičebnice

cuaderno de ejercicios

domácí úkol

deberes

počet

número

sčítat

sumar

odčítat

restar

násobit

multiplicar

počítat

calcular

písmeno

letra

abeceda

alfabeto

slovo

palabra

text

texto

číst

leer

křída

tiza

hodina

lekce lección

třídní kniha

cuaderno de notas

zkouška

examen

vysvědčení

certificado

školní uniforma

uniforme escolar

vzdělání

educación

encyklopedie

enciclopedia

univerzita

universidad

mikroskop

microscopio

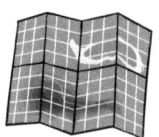

karta

mapa

odpadkový koš na papír

papelera

cesta
viaje

hotel
hotel
Grand
ubytovna
albergue
ROOMS
směnárna
oficina de cambio de divisas
CHANGE
kufr
maleta
auto
coche

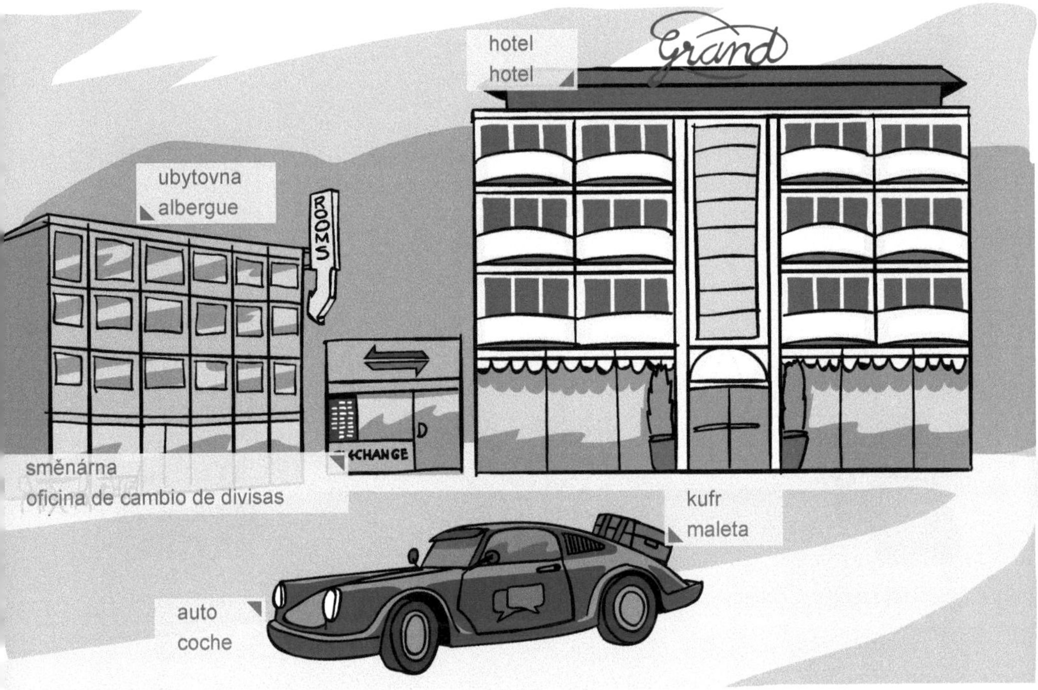

jazyk

idioma

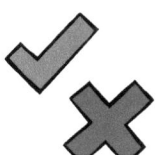

ano / ne

sí / no

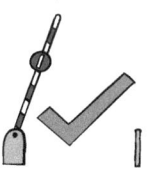

oukej

Vale

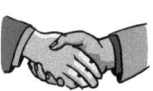

Ahoj!

hola

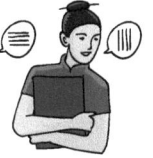

překladatel

traductor

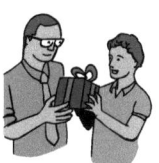

děkuji

Gracias

Kolik stojí...?

¿cuánto es...?

nerozumím

No entiendo

problém

problema

Dobrý večer!

¡Buenas tardes!

Dobré ráno!

¡Buenos días!

Dobrou noc!

¡Buenas noches!

na shledanou

adiós

směr

dirección

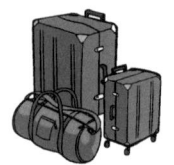

zavazadlo

equipaje

taška

bolsa

batoh

mochila

host

invitado

pokoj

habitación

spací pytel

saco de dormir

stan

tienda de campaña

cesta - viaje

turistické informace
información turística

pláž
playa

kreditní karta
tarjeta de crédito

snídaně
desayuno

oběd
almuerzo

večeře
cena

jízdenka
billete

výtah
ascensor

poštovní známka
sello

hranice
frontera

clo
aduana

poselství
embajada

vízum
visa

pas
pasaporte

transport
transporte

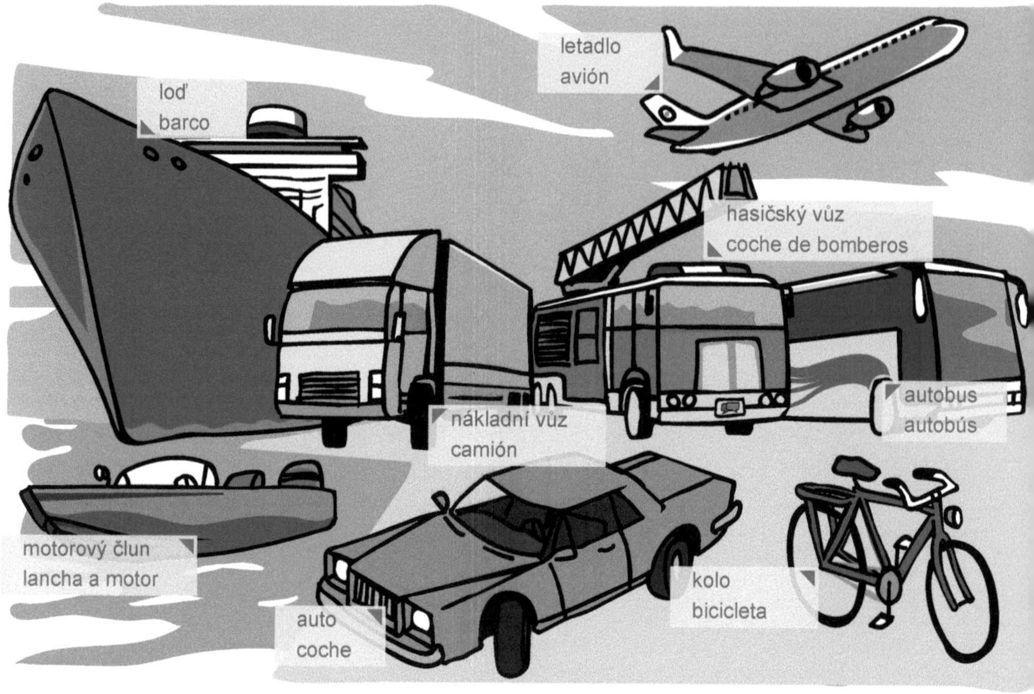

letadlo
avión
loď
barco
hasičský vůz
coche de bomberos
autobus
autobús
nákladní vůz
camión
motorový člun
lancha a motor
kolo
bicicleta
auto
coche

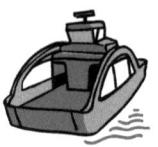

přívoz
transbordador

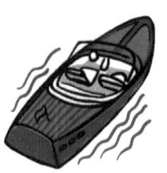

člun
barca

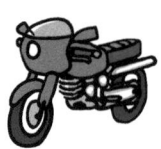

motorka
moto

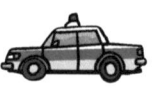

policejní auto
coche de policía

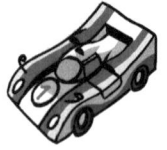

závodní auto
coche de carreras

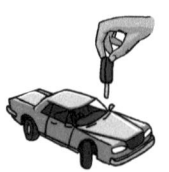

pronajaté auto
coche de alquiler

sdílení aut

préstamo de vehículos

odtahová služba

grúa

popelářský vůz

camión de la basura

motor

motor

palivo

gasolina

čerpací stanice

gasolinera

dopravní značka

seňal de tráfico

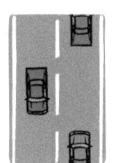

doprava

tráfico

dopravní zácpa

atasco

parkoviště

aparcamiento

vlakové nádraží

estación de tren

koleje

vías

vlak

tren

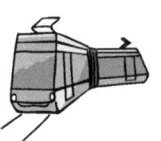

tramvaj

tranvía

vagón

vagón

helikoptéra

helicóptero

letiště

aeropuerto

věž

torre

pasažér

pasajero

kontejner

contenedor

kartón

caja de cartón

trakař

carretilla

koš

cesta

vzlétnout / přistát

despegar / aterrizar

město
ciudad

vesnice

pueblo

střed města

centro de ciudad

dům

casa

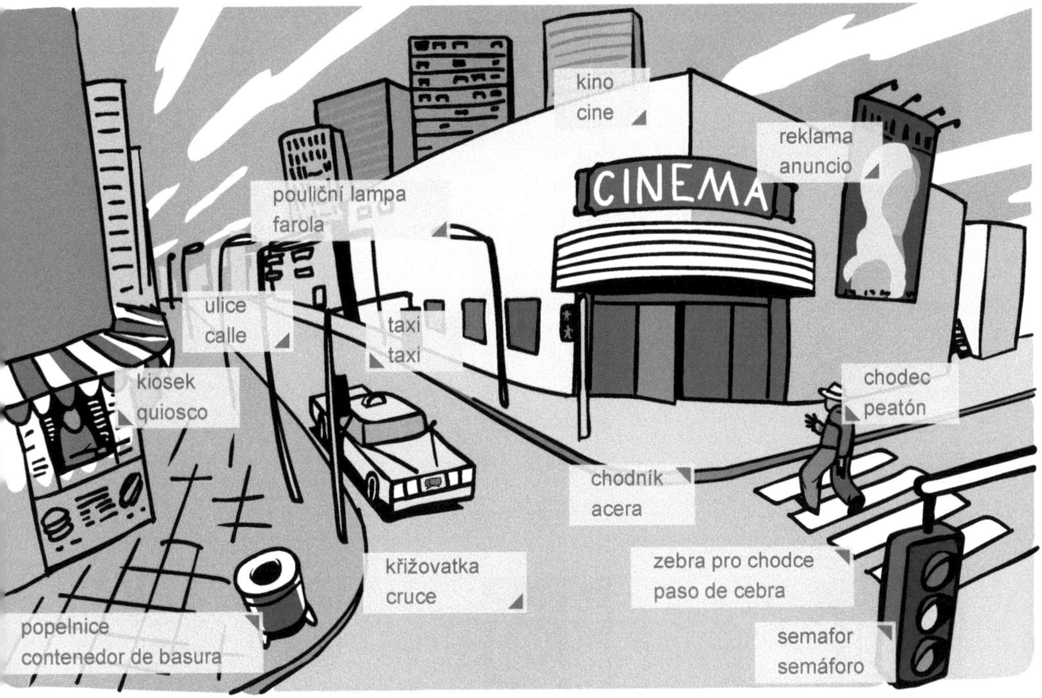

kino
cine

reklama
anuncio

pouliční lampa
farola

ulice
calle

taxi
taxi

kiosek
quiosco

chodec
peatón

CINEMA

chodník
acera

křižovatka
cruce

zebra pro chodce
paso de cebra

popelnice
contenedor de basura

semafor
semáforo

chata
cabaña

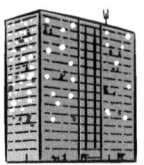

byt
apartamento

vlakové nádraží
estación de tren

radnice
ayuntamiento

muzeum
museo

škola
escuela

univerzita

universidad

banka

banco

nemocnice

hospital

hotel

hotel

lékárna

farmacia

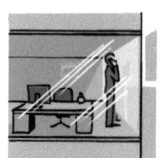

kancelář

oficina

knihkupectví

librería

obchod

tienda

květinářství

floristería

supermarket

supermercado

tržnice

mercado

obchodní dům

grandes almacenes

rybárna

pescadería

nákupní centrum

centro comercial

přístav

puerto

park
parque

lavička
banco

most
puente

schody
escaleras

metro
metro

tunel
túnel

autobusová zastávka
parada de autobús

bar
bar

restaurace
restaurante

poštovní schránka
buzón

pouliční tabule
poste indicador

parkovací hodiny
parquímetro

zoo
zoo

plovárna
piscina

mešita
mezquita

usedlost
----
granja

znečišťování životního prostředí
----
contaminación

hřbitov
----
cementerio

církev
----
iglesia

hřiště
----
patio de juego

chrám
----
templo

krajina

paisaje

list
hoja

rozcestník
seňal

cesta
camino

louka
prado

kámen
piedra

turista
excursionista

strom
árbol

řeka
río

tráva
hierba

květina
flor

údolí

valle

hora

colina

jezero

lago

les

bosque

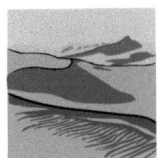

poušť

desierto

sopka

volcán

zámek

castillo

duha

arcoíris

houba

champiñón

palma

palmera

komár

mosquito

moucha

mosca

mravenec

hormiga

včela

abeja

pavouk

araña

brouk

escarabajo

žába

rana

veverka

ardilla

ježek

erizo

zajíc

liebre

sova

lechuza

pták

pájaro

labuť

cisne

divoké prase

jabalí

jelen

ciervo

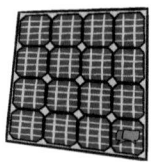

los

alce

přehrada

presa

větrné kolo

turbina eólica

solární panel

panel solar

podnebí

clima

restaurace
restaurante

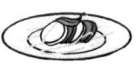

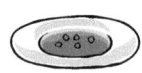

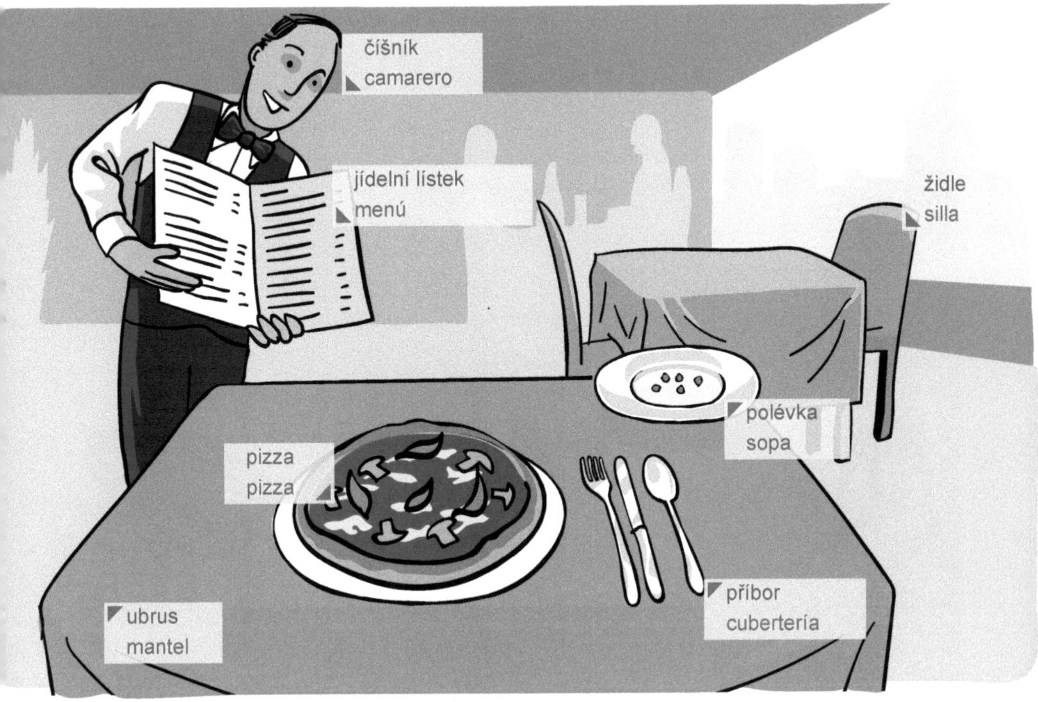

číšník
camarero
jídelní lístek
menú
židle
silla
polévka
sopa
pizza
pizza
příbor
cubertería
ubrus
mantel

předkrm

primer plato

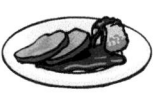

hlavní chod

plato principal

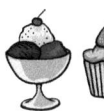

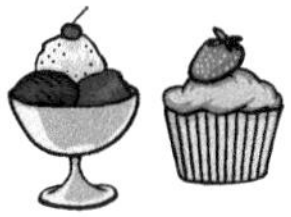

dezert

postre

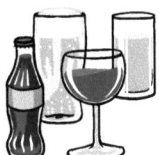

nápoje

bebidas

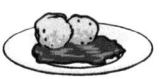

jídlo

comida

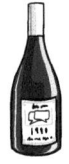

láhev

botella

rychlé občerstvení

comida rápida

pouliční občerstvení

comida callejera

čajová konvice

tetera

cukřenka

azucarero

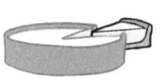

porce

porción

kávovar na espresso

cafetera expreso

dětská stolička

trona

faktura

cuenta

tác

bandeja

nůž

cuchillo

vidlička

tenedor

lžíce

cuchara

čajová lyžička

cucharilla

ubrousek

servilleta

sklenička

vaso

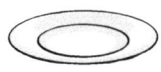

talíř
plato

talíř na polévku
plato hondo

podšálek
platillo

omáčka
salsa

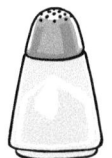

slánka
salero

mlýnek na pepř
molinillo de pimienta

ocet
vinagre

olej
aceite

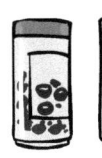

koření
especias

kečup
ketchup

hořčice
mostaza

majonéza
mayonesa

supermarket
supermercado

nabídka
oferta especial
FOR
zákazník
cliente
mléčné výrobky
lácteos
ovoce
fruta
nákupní vozík
carro de la compra

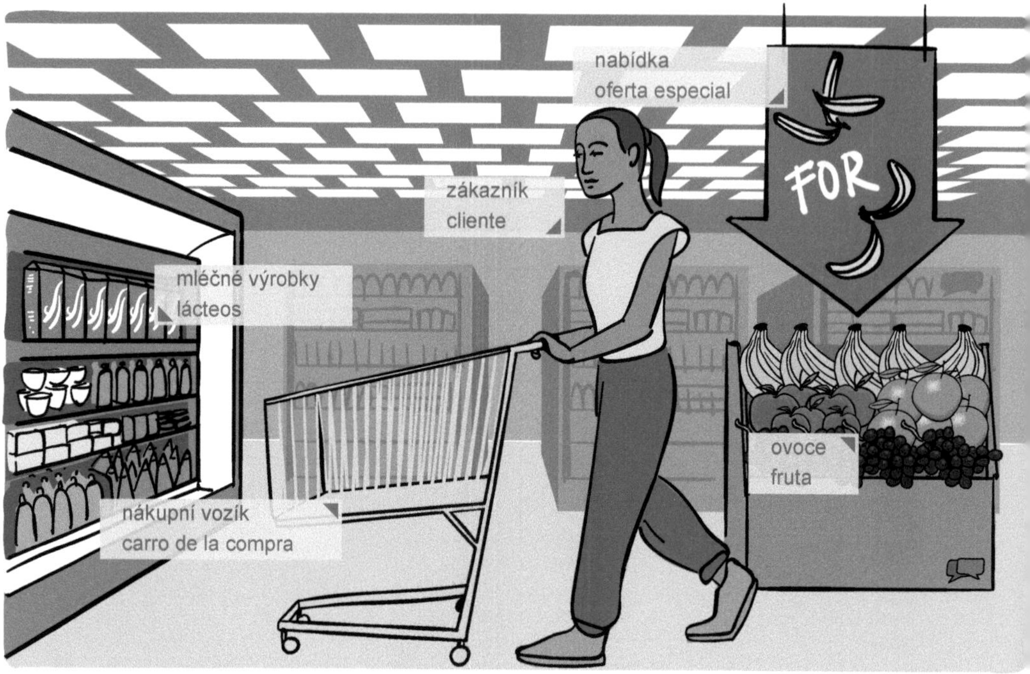

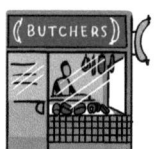

BUTCHERS

masna

carnicería

BAKERY

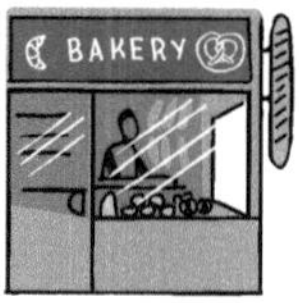

pekařství

panadería

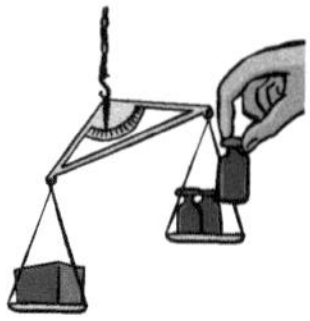

vážit

pesar

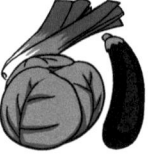

zelenina

verduras

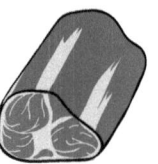

maso

carne

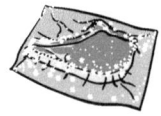

mražené potraviny

alimentos congelados

obložený talíř

fiambres

konzervy

conservas

prací prášek

detergente en polvo

cukrovinky

dulces

výrobky pro domácnost

productos de uso doméstico

čisticí prostředek

productos de limpieza

prodavačka

vendedora

pokladna

caja

pokladní

cajero

nákupní seznam

lista de la compra

otevírací doba

horario de atención al público

peněženka

cartera

kreditní karta

tarjeta de crédito

taška

bolsa

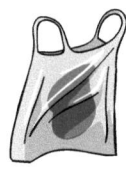

igelitová taška

bolsa de plástico

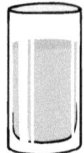

voda

agua

džus

zumo

mléko

leche

kola

cola

víno

vino

pivo

cerveza

alkohol

alcohol

kakao

cacao

čaj

té

káva

café

espresso

expreso

kapučíno

capuchino

banán

plátano

jablko

manzana

pomeranč

naranja

meloun

melón

citrón

limón

mrkev

zanahoria

česnek

ajo

bambus

bambú

cibule

cebolla

houba

champiñón

ořechy

avellanas

těstoviny

fideos

špageti

espagueti

rýže

arroz

salát

ensalada

hranolky

patatas fritas

americké brambory

patatas fritas

pizza

pizza

hamburger

hamburguesa

sendvič

sándwich

řízek

filete

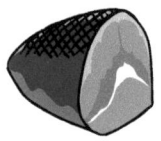

šunka

jamón

salám

salami

salám

salchicha

kuře

pollo

pečeně

asado

ryby

pescado

ovesné vločky

copos de avena

müsli

muesli

vločky

copos de maíz

mouka

harina

croissant

cruasán

houska

panecillo

chléb

pan

toast

tostada

sušenky

galletas

máslo

mantequilla

tvaroh

cuajada

buchta

pastel

vejce

huevo

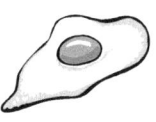

volské oko

huevo frito

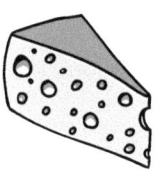

sýr

queso

zmrzlina

helado

cukr

azúcar

med

miel

marmeláda

mermelada

nugátový krém

crema de turrón

kari

curry

jídlo - comida

usedlost
granja

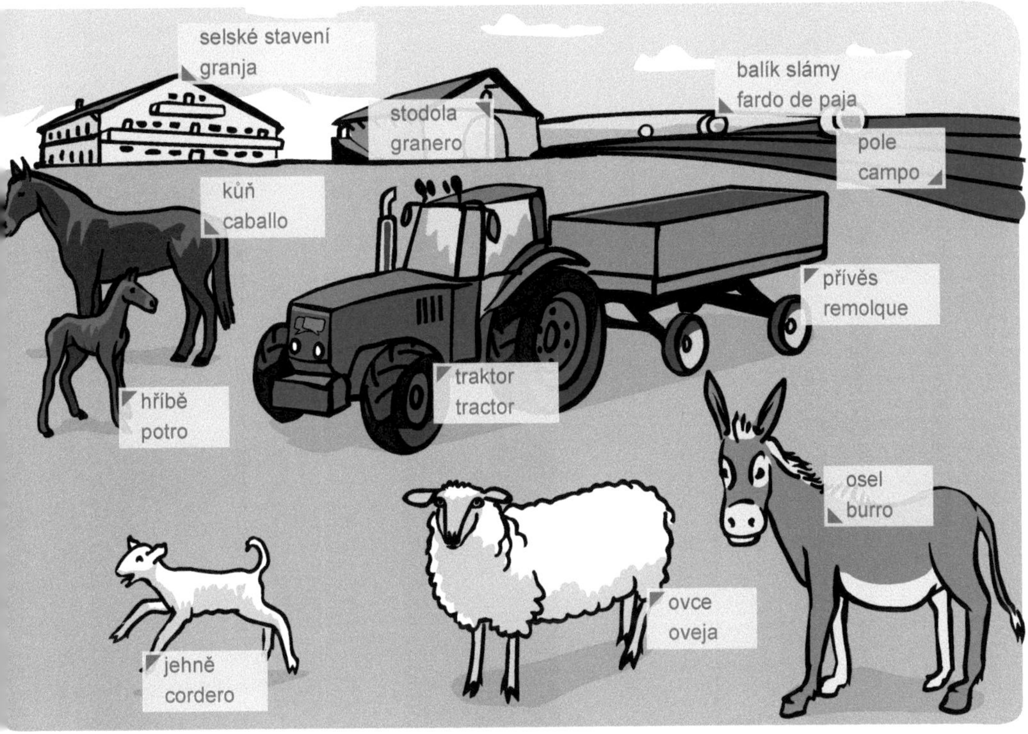
selské stavení
granja
stodola
granero
balík slámy
fardo de paja
pole
campo
kůň
caballo
přívěs
remolque
traktor
tractor
hříbě
potro
osel
burro
ovce
oveja
jehně
cordero

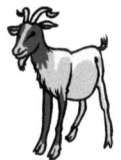

koza

cabra

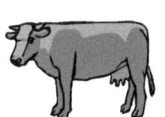

kráva

vaca

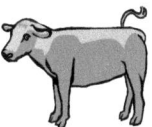

tele

ternero

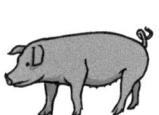

prase

cerdo

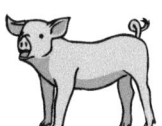

sele

cerdito

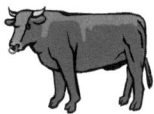

býk

toro

husa

ganso

kachna

pato

kuře

pollo

slepice

gallina

kohout

gallo

krysa

rata

kočka

gato

myš

ratón

vůl

buey

pes

perro

psí bouda

perrera

zahradní hadice

manguera

kropicí konev

regadera

kosa

guadaňa

pluh

arado

srp

hoz

motyka

azada

vidle

horca

sekera

hacha

kolecko

carretilla

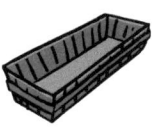

koryto

abrevadero

konev na mléko

lechera

pytel

saco

plot

valla

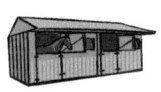

stáj

establo

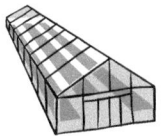

skleník

invernadero

půda

suelo

osivo

semilla

hnojivo

fertilizador

kombajn

cosechadora

sklidit

cosechar

sklizeň

cosecha

smldinec

ñame

pšenice

trigo

sója

soja

brambora

patata

kukuřice

maíz

řepka

semilla de colza

ovocný strom

árbol frutal

maniok

mandioca

obilí

cereales

dům
casa

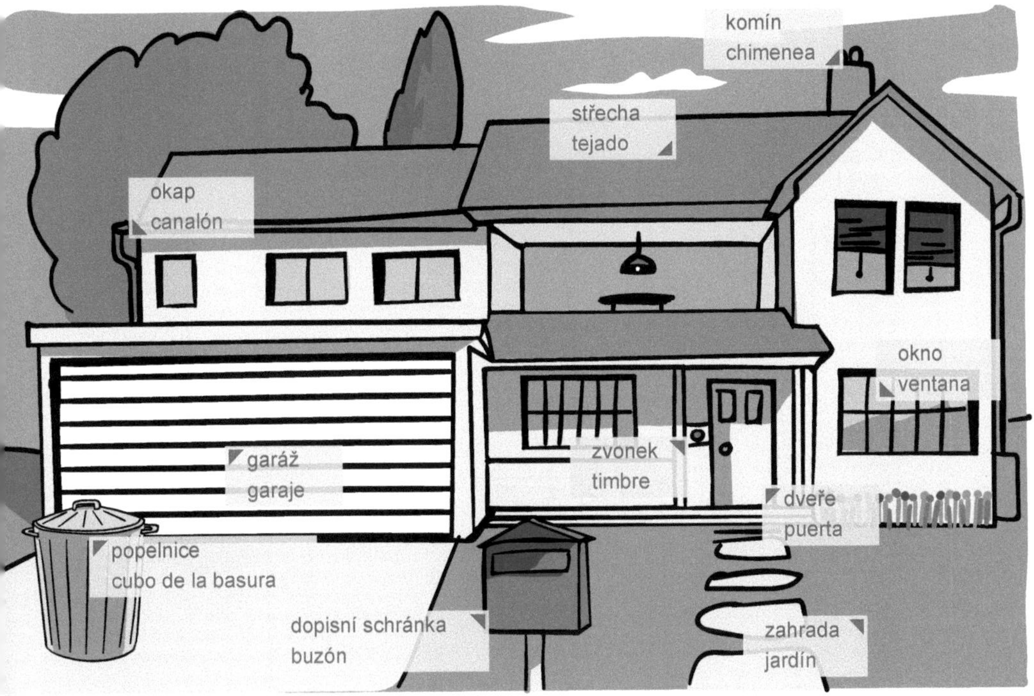
komín
chimenea
střecha
tejado
okap
canalón
okno
ventana
zvonek
timbre
garáž
garaje
dveře
puerta
popelnice
cubo de la basura
dopisní schránka
buzón
zahrada
jardín

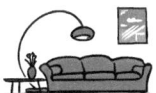

obývací pokoj

sala

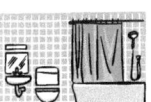

koupelna

cuarto de baño

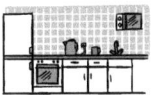

kuchyně

cocina

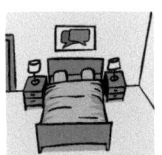

ložnice

dormitorio

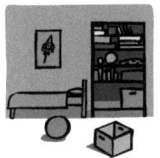

dětský pokoj

habitación de los niños

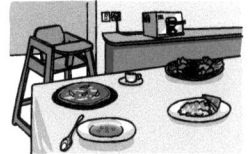

jídelna

comedor

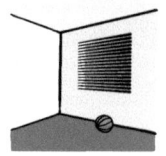

podlaha

suelo

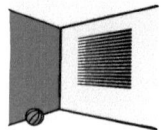

zeď

pared

deka

techo

sklep

sótano

sauna

sauna

balkón

balcón

terasa

terraza

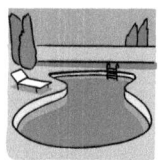

bazén

piscina

sekačka na trávu

cortacésped

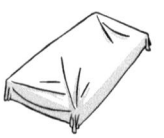

ložní prádlo

sábana

lůžková přikrývka

colcha

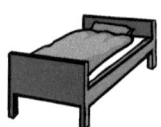

postel

cama

smeták

escoba

kýbl

balde

vypínač

interruptor

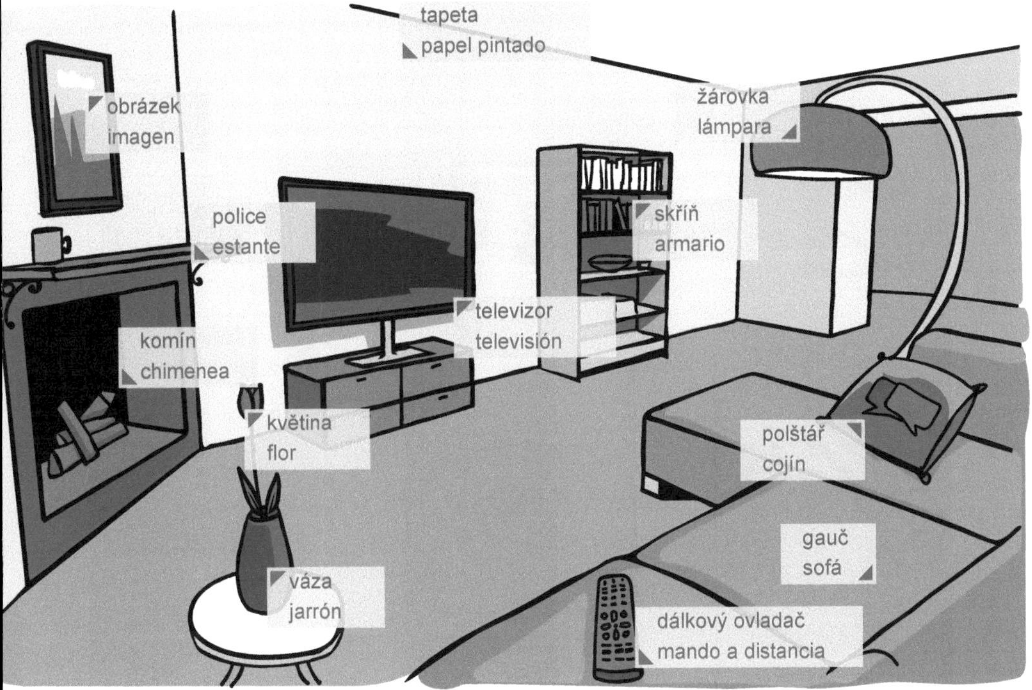

tapeta
papel pintado

obrázek
imagen

žárovka
lámpara

police
estante

skříň
armario

komín
chimenea

televizor
televisión

květina
flor

polštář
cojín

gauč
sofá

váza
jarrón

dálkový ovladač
mando a distancia

koberec
alfombra

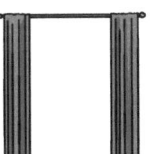

závěs
cortina

stůl
mesa

židle
silla

houpací křeslo
mecedora

křeslo
butaca

kniha

libro

strop

manta

ozdoba

decoración

palivové dříví

leña

film

película

stereo souprava

equipo de música

klíč

llave

noviny

periódico

malba

pintura

plakát

póster

rádio

radio

poznámkový blok

cuaderno

vysavač

aspiradora

kaktus

cactus

svíce

vela

kuchyně
cocina

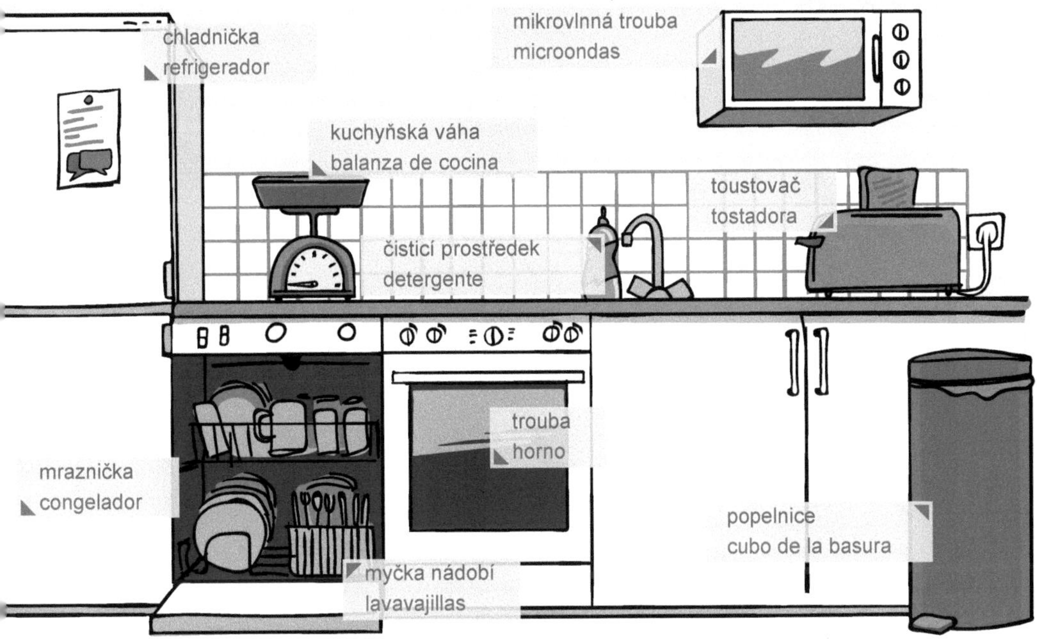
chladnička
refrigerador
mikrovlnná trouba
microondas
kuchyňská váha
balanza de cocina
toustovač
tostadora
čisticí prostředek
detergente
trouba
horno
mraznička
congelador
popelnice
cubo de la basura
myčka nádobí
lavavajillas

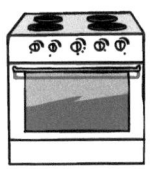

sporák

olla a presión

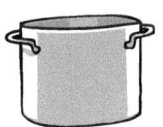

hrnec

olla

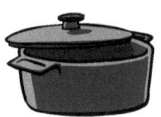

litinový hrnec

olla de hierro fundido

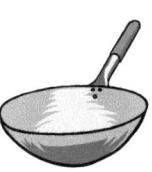

wok / kadai

wok / karahi

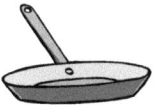

pánev

cazuela

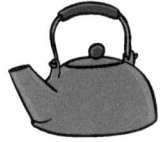

varná konvice

hervidor

parní hrnec

vaporera

plech na pečení

chapa de horno

nádobí

vajilla

hrnek

taza

miska

tazón

jídelní hůlky

palillos

naběračka

cucharón

obracečka

espumadera

metla

batidor

síto

colador

cedník

cedazo

struhadlo

rallador

hmoždíř

mortero

gril

barbacoa

ohniště

hoguera

prkénko na krájení

tabla de picar

váleček na těsto

rodillo

vývrtka

sacacorchos

dóza

lata

otvírák na konzervy

abrelatas

chňapka

agarrador

umyvadlo

lavabo

kartáč na nádobí

cepillo

houba

esponja

mixér

batidora

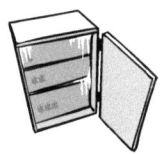

mrazák

congelador

dětská lahev

biberón

kohoutek

grifo

koupelna
cuarto de baño

topení
calefacción
sprcha
ducha
ručník
toalla
sprchový závěs
cortina de la ducha
pěnová koupel
baño de espuma
vana
bañera
sklenička
vaso
pračka
lavadora
kohoutek
grifo
obkladačky
baldosas
nočník
orinal
umyvadlo
lavabo

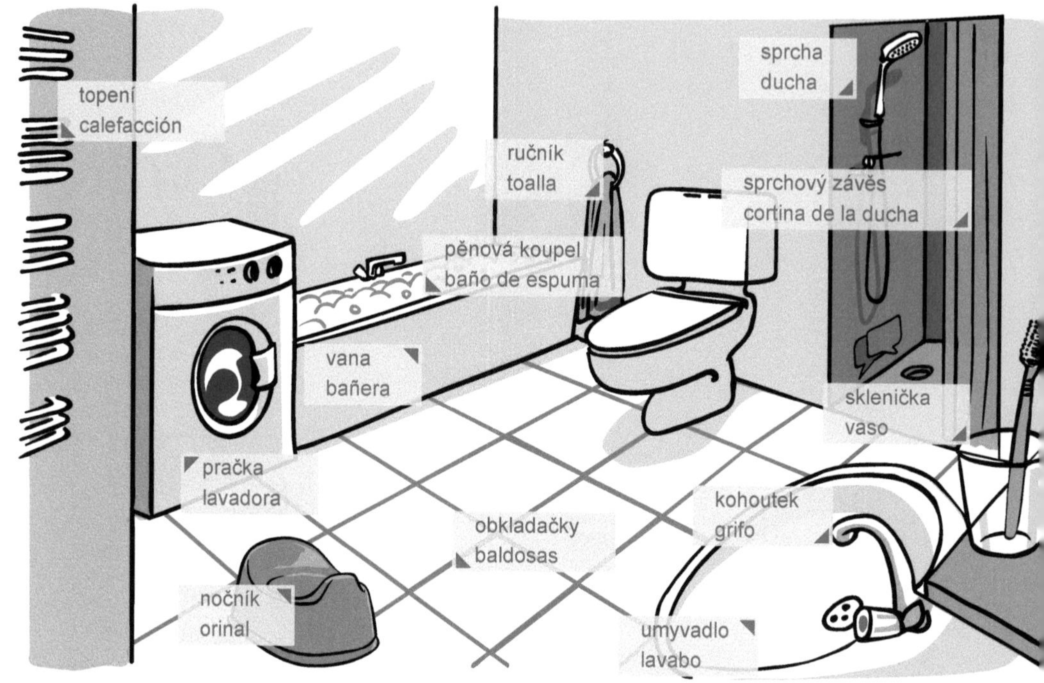

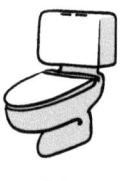

záchod

inodoro

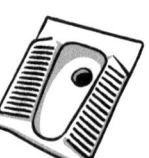

turecký záchod

inodoro rústico

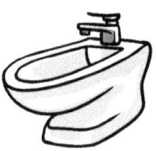

bidet

bidé

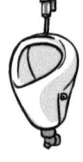

pisoár

urinario

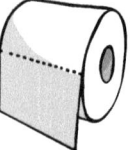

toaletní papír

papel higiénico

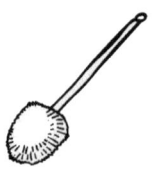

záchodová štětka

escobilla del váter

zubní kartáček

cepillo de dientes

zubní pasta

pasta de dientes

zubní niť

hilo dental

mýt

lavar

ruční sprcha

ducha de mano

intimní sprcha

ducha íntima

umyvadlo

pila

kartáč na záda

cepillo de espalda

mýdlo

jabón

sprchový gel

gel de ducha

šampón

champú

žínka

toallita

odpad

desagüe

krém

crema

deodorant

desodorante

zrcadlo

espejo

kosmetické zrcátko

espejo de tocador

holicí strojek

maquinilla de afeitar

pěna na holení

espuma de afeitar

voda po holení

loción postafeitado

hřeben

peine

kartáč

cepillo

fén

secador

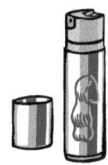

lak na vlasy

laca

makeup

maquillaje

rtěnka

pintalabios

lak na nehty

pintauñas

vata

algodón

nůžky na nehty

cortauñas

parfém

perfume

aška s toaletními potřebami

estuche de viaje

stolička

banqueta

váha

balanza

župan

albornoz

gumové rukavice

guantes de goma

tampón

tampón

dámská vložka

compresa

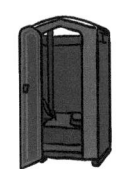

chemická toaleta

inodoro químico

dětský pokoj
habitación de los niños

budík
despertador
plyšová hračka
peluche
autíčko
coche de juguete
chrastítko
sonajero
domeček pro panenky
casa de muñecas
dárek
regalo

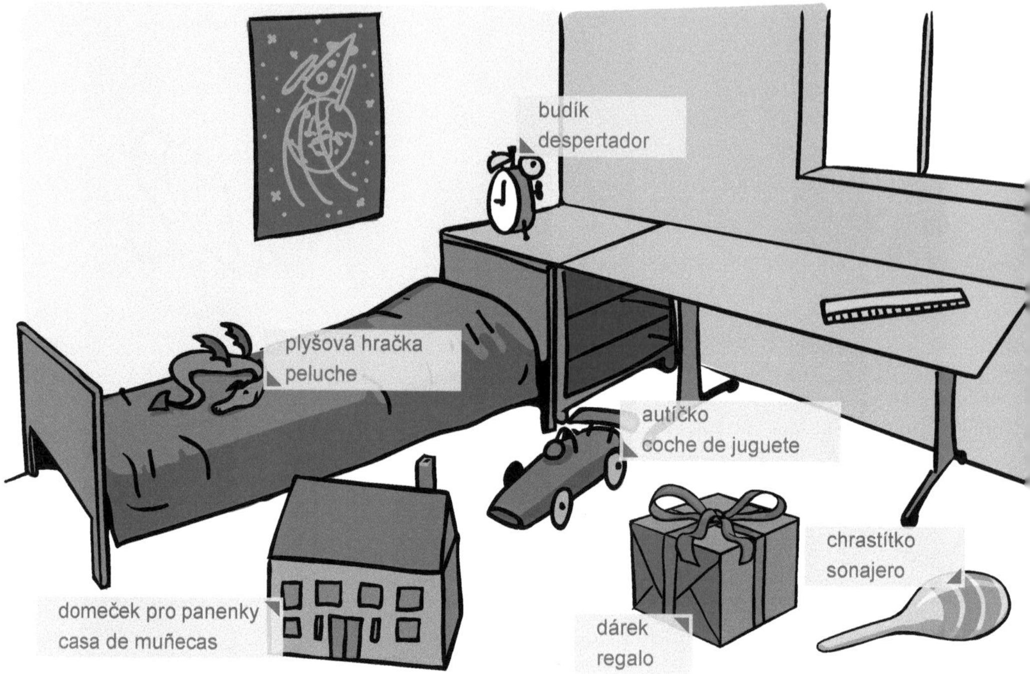

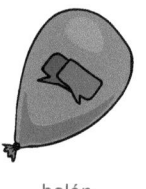

balón
globo

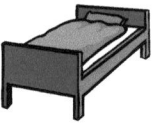

postel
cama

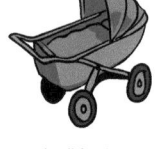

kočárek
coche de niño

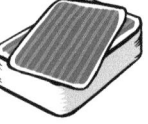

balíček karet
naipes

puzzle
puzle

SUPER
MEGA

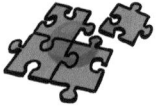

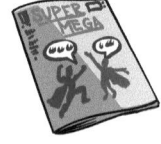

komiks
tebeo

lego kostky

piezas de lego

stavebnice

bloques de juguete

akční figurka

figura de acción

dupačky

bodi (de bebé)

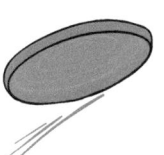

frisbee

frisbee

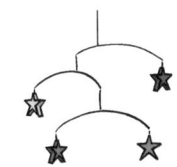

závěsné hračky nad postýlku

colgador móvil para bebés

desková hra

juego de mesa

kostky

dados

modelová železnice

circuito de tren eléctrico

dudlík

maniquí

oslava

fiesta

obrázková kniha

álbum de fotos

míč

pelota

panenka

muñeca

hrát si

jugar

pískoviště

cajón de arena

houpačka

columpio

hračky

juguetes

hrací konzole

videoconsola

tříkolka

triciclo

medvídek

oso de peluche

šatník

guardarropa

oblečení

ropa

ponožky

calcetines

punčochy

medias

punčochové kalhoty

leotardos

šála
bufanda

deštník
paraguas

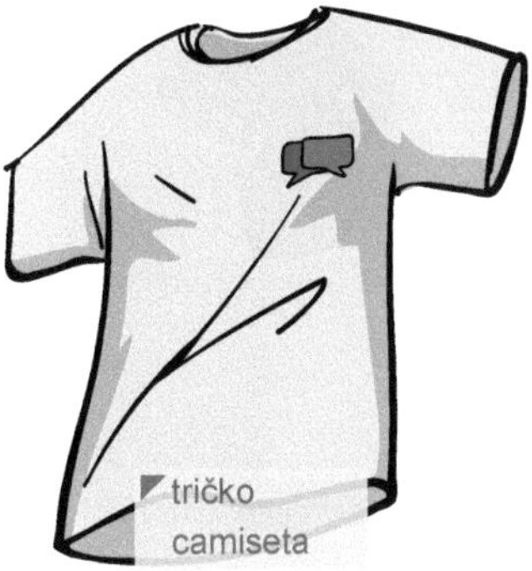

pásek
cinturón

tričko
camiseta

tenisky
deportivas

kozačky
botas

domácí obuv
zapatillas

sandály
....
sandalias

obuv
....
zapatos

holínky
....
botas de goma

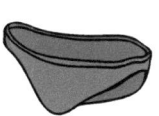

spodní prádlo
....
slip

podprsenka
....
sostén

nátělník
....
chaleco

body
....
bodi

kalhoty
....
pantalones

džíny
....
vaqueros

sukně
....
falda

blůza
....
blusa

košile
....
camisa

svetr
....
jersey

mikina
....
suéter

blejzr
....
blazer

bunda
....
chaqueta

kabát
....
abrigo

pláštěnka
....
gabardina

kostým
....
traje

šaty
....
vestido

svatební šaty
....
vestido de novia

oblek
traje

noční košile
camisón

pyžamo
pijama

sárí
sari

šátek na hlavu
bandana

turban
turbante

burka
burka

kaftan
caftán

abája
abaya

plavky
traje de baño

pánské plavky
bañador

kraťasy
pantalones cortos

teplákova souprava
chándal

zástěra
delantal

rukavice
guantes

knoflík

botón

brýle

gafas

náramek

brazalete

náhrdelník

collar

prsten

anillo

náušnice

pendiente

čepice

gorra

ramínko

percha

klobouk

sombrero

kravata

corbata

zip

cremallera

helma

casco

kšandy

tirantes

školní uniforma

uniforme escolar

uniforma

uniforme

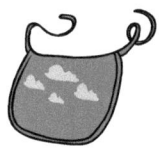

bryndák

babero

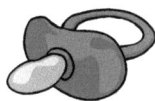

dudlík

maniquí

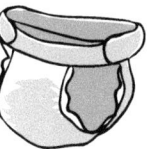

plena

pañal

kancelář

oficina

server
servidor
kartotéka
archivo
tiskárna
impresora
papír
papel
monitor
monitor
myš
ratón
psací stůl
escritorio
šanon
carpeta
klávesnice
teclado
odpadkový koš na papír
papelera
počítač
ordenador
židle
silla

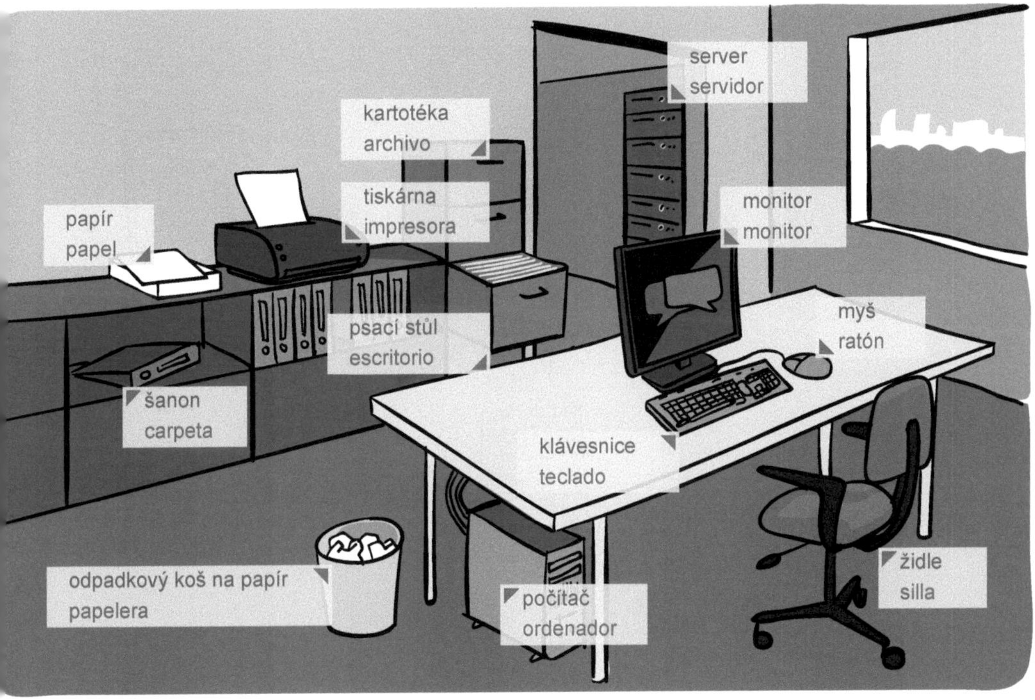

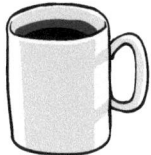

hrnek na kávu

taza de café

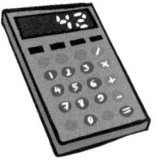

kalkulačka

calculadora

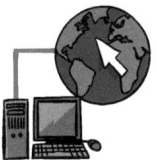

internet

internet

notebook
portátil

dopis
carta

zpráva
mensaje

mobil
móvil

síť
red

kopírka
fotocopiadora

software
software

telefon
teléfono

zásuvka
toma de corriente

fax
fax

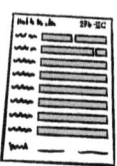

formulář
formulario

dokument
documento

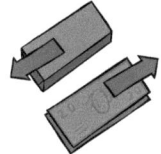

nakupovat

comprar

zaplatit

pagar

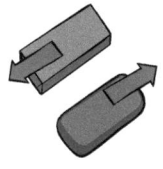

jednat

comerciar

peníze

dinero

USD

dolar

dólar

EUR

euro

euro

JPY

jen

yen

RUB

rubl

rublo

CHF

frank

franco suizo

CNY

juan

renminbi yuan

INR

rupie

rupia

bankomat

cajero automático

směnárna

oficina de cambio de divisas

zlato

oro

stříbro

plata

olej

petróleo

energie

energía

cena

precio

smlouva

contrato

daň

impuesto

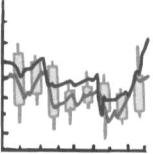

akcie

acción

pracovat

trabajar

zaměstnanec

empleado

zaměstnavatel

empleador

továrna

fábrica

obchod

tienda

povolání
oficios

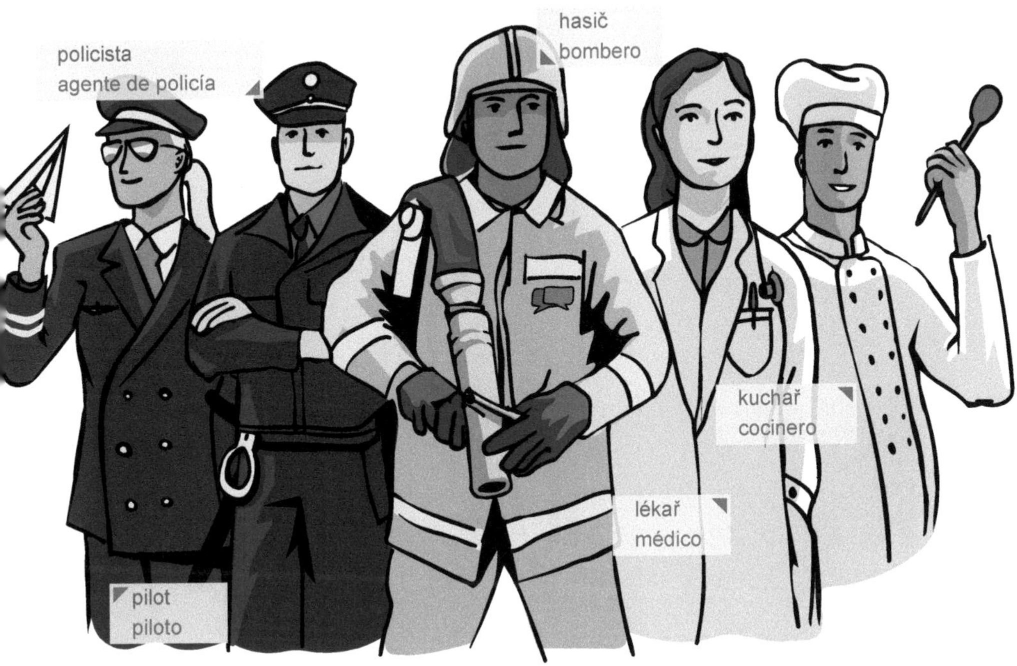
policista
agente de policía
hasič
bombero
kuchař
cocinero
lékař
médico
pilot
piloto

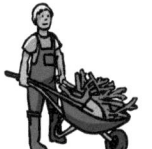

zahradník

jardinero

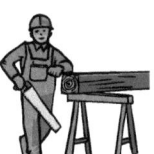

truhlář

carpintero

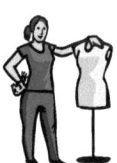

švadlena

costurera

soudce

juez

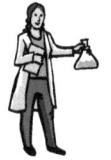

chemik

farmacéutico

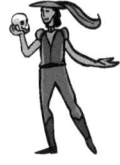

herec

actor

řidič autobusu

conductor de autobús

řidič taxi

taxista

rybář

pescador

uklízečka

señora de la limpieza

pokrývač

techador

číšník

camarero

myslivec

cazador

malíř

pintor

pekař

panadero

elektrikář

electricista

stavební dělník

obrero

inženýr

ingeniero

řezník

carnicero

klempíř

fontanero

listonoš

cartero

voják

soldado

architekt

arquitecto

pokladní

cajero

florista

florista

kadeřník

peluquero

průvodčí

revisor

mechanik

mecánico

kapitán

capitán

zubař

dentista

vědec

científico

rabín

rabino

imám

imán

mnich

monje

duchovní

sacerdote

nářadí
herramientas

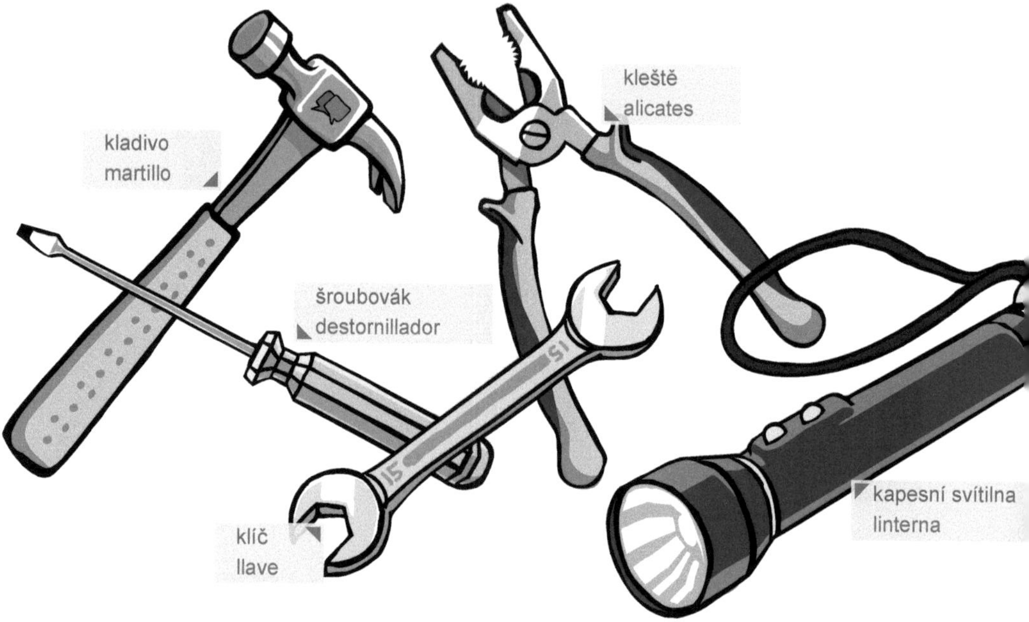
kladivo
martillo
kleště
alicates
šroubovák
destornillador
klíč
llave
kapesní svítilna
linterna

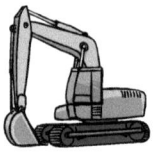

bagr
excavadora

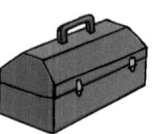

skříň na nářadí
caja de herramientas

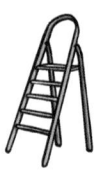

žebřík
escalera de mano

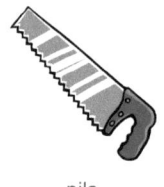

pila
sierra

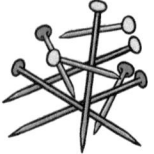

hřebíky
clavos

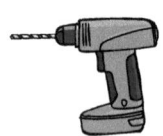

vrtačka
taladro

opravit

reparar

lopata

pala

Kurva!

¡Maldita sea!

lopatka

recogedor

vědroé na barvu

bote de pintura

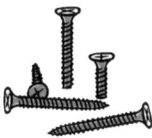

šrouby

tornillos

hudební nástroje

instrumentos musicales

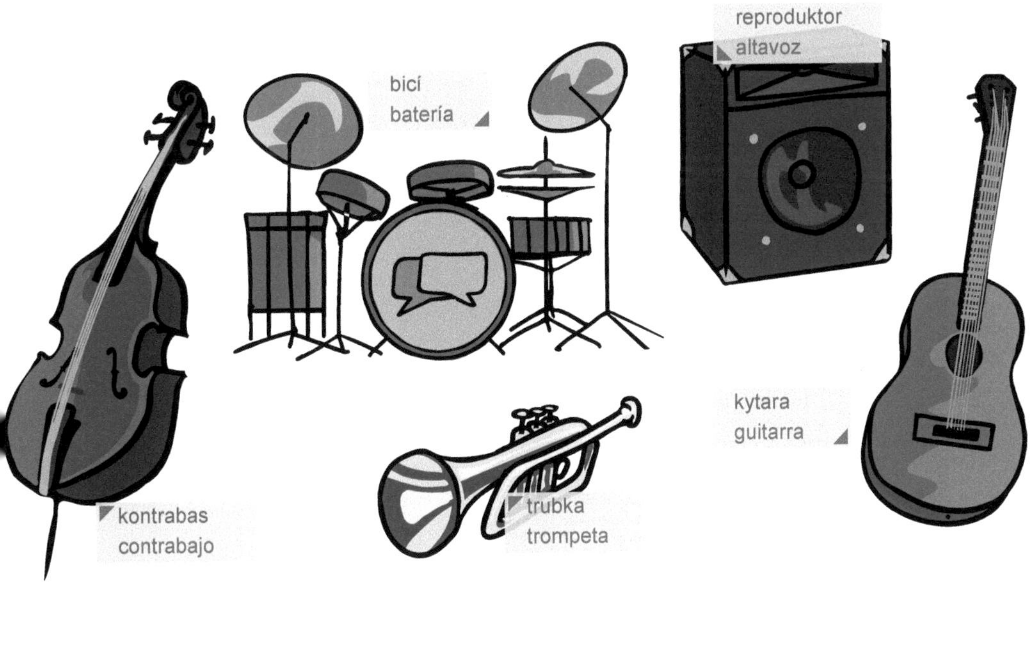

bicí
batería

reproduktor
altavoz

kytara
guitarra

kontrabas
contrabajo

trubka
trompeta

klavír
piano

housle
violín

basa
bajo

tympán
timbales

bubny
tambor

keyboard
teclado

saxofon
saxofón

flétna
flauta

mikrofon
micrófono

ZOO

ZOO

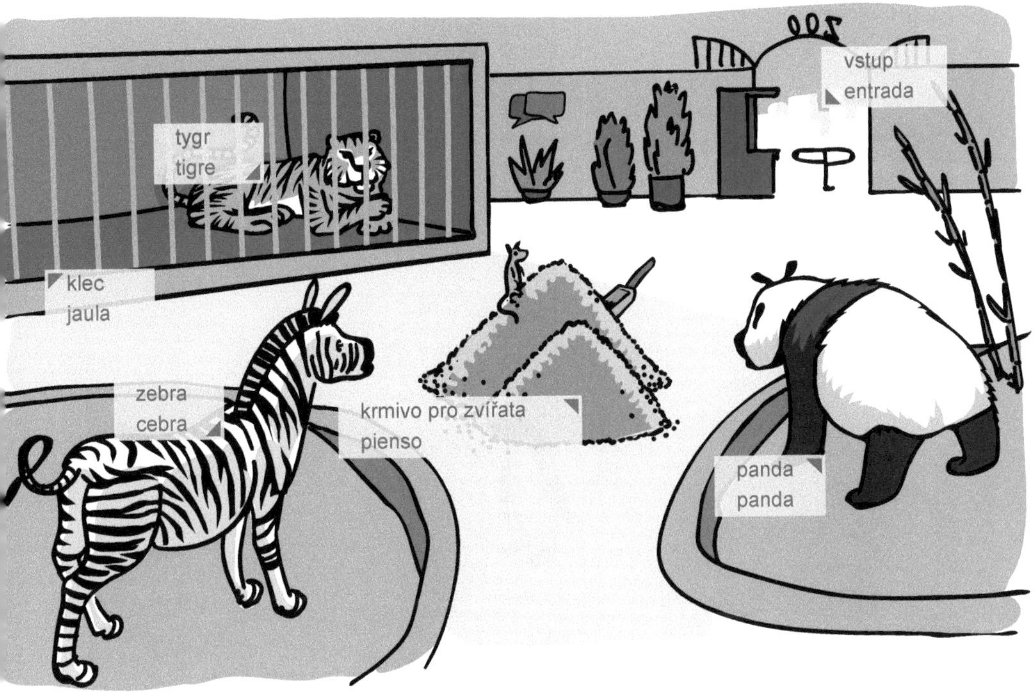
vstup
entrada
tygr
tigre
klec
jaula
zebra
cebra
krmivo pro zvířata
pienso
panda
panda

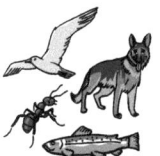

zvířata

animales

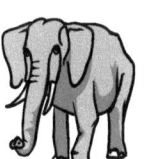

slon

elefante

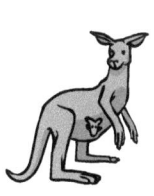

klokan

canguro

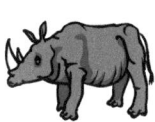

nosorožec

rinoceronte

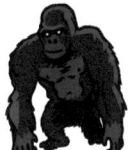

gorila

gorila

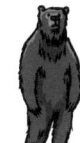

medvěd

oso

velbloud

camello

pštros

avestruz

lev

león

opice

mono

plameňák

flamingo

papoušek

loro

lední medvěd

oso polar

tučňák

pingüino

žralok

tiburón

páv

pavo real

had

serpiente

krokodýl

cocodrilo

ošetřovatel zvířat

guardián de zoológico

tuleň

foca

jaguár

jaguar

poník

poni

leopard

leopardo

hroch

hipopótamo

žirafa

jirafa

orel

águila

divoké prase

jabalí

ryby

pescado

želva

tortuga

mrož

morsa

liška

zorro

gazela

gacela

americký fotbal
fútbol americano

cyklistika
ciclismo

tenis
tenis

košíková
baloncesto

plavání
natación

box
boxeo

lední hokej
hockey sobre hielo

kopaná
fútbol

badminton
bádminton

lehká atletika
atletismo

házená
balonmano

běh na lyžích
esquí

vodní pólo
polo

smát se
reír

skočit
saltar

objímat
abrazar

jít
caminar

zpívat
cantar

snít
soñar

modlit se
rezar

políbit
besar

psát	kreslit	ukazovat
escribir	dibujar	mostrar

tlačit	dát	vzít si
empujar	dar	tomar

mít
tener

dělat
hacer

být
ser

stát
estar de pie

běhat
correr

táhnout
tirar

hodit
tirar

padat
caer

ležet
yacer

čekat
esperar

nosit
llevar

sedět
estar sentado

oblékat
vestirse

spát
dormir

vzbudit se
despertar

prohlédnout si

mirar

plakat

llorar

pohladit

acariciar

česat

peinar

hovořit

hablar

rozumět

entender

ptát se

preguntar

slyšet

escuchar

pít

beber

jíst

comer

uklidit

ordenar

milovat

amar

vařit

cocinar

jet

conducir

letět

volar

plachtit

navegar

počítat

calcular

číst

leer

učit se

aprender

pracovat

trabajar

vzít si

casarse

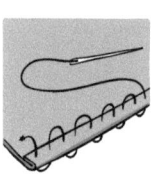

šít

coser

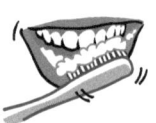

čistit si zuby

cepillarse los dientes

zabít

matar

kouřit

fumar

poslat

enviar

babička
abuela

dědeček
abuelo

otec
padre

matka
madre

dítě
bebé

dcera
hija

syn
hijo

host
invitado

teta
tía

strýc
tío

bratr
hermano

sestra
hermana

tělo
cuerpo

čelo
frente
oko
ojo
obličej
cara
brada
barbilla
hruď
pecho
prst
dedo
ruka
mano
paže
brazo
rameno
hombro
dolní končetina
pierna

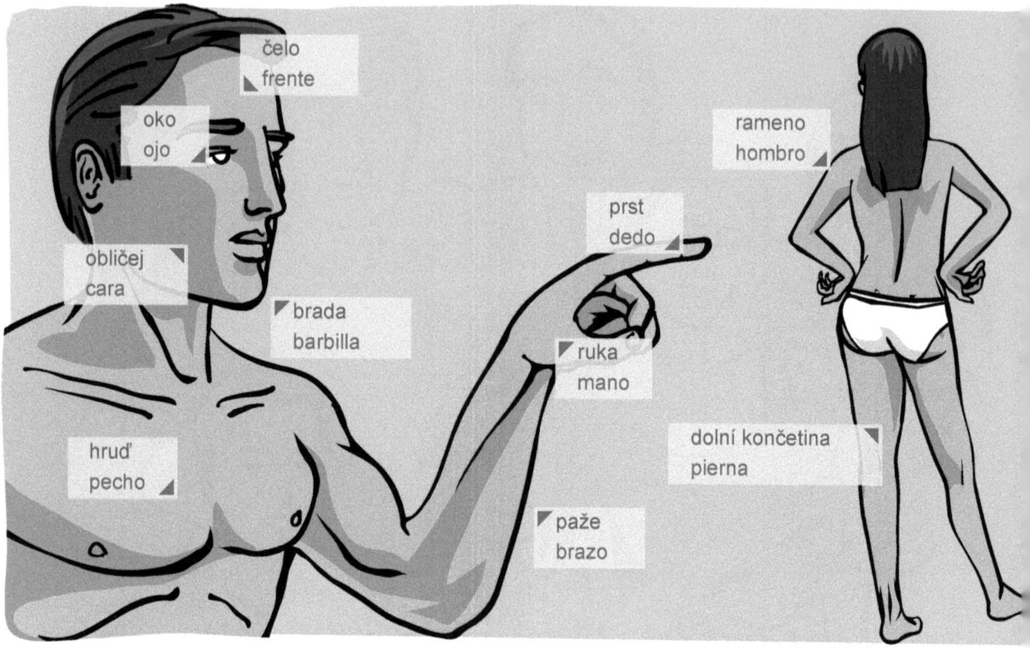

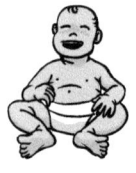

dítě
bebé

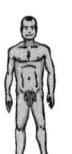

muž
hombre

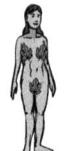

žena
mujer

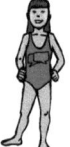

dívka
chica

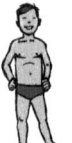

chlapec
chico

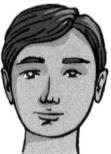

hlava
cabeza

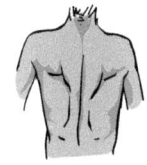

záda
espalda

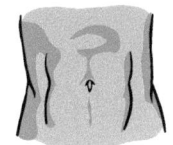

břicho
vientre

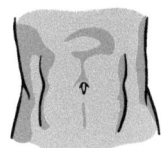

pupík
ombligo

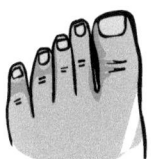

prst na noze
dedo del pie

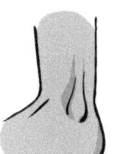

pata
talón

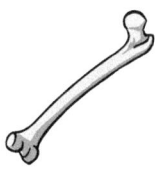

kost
hueso

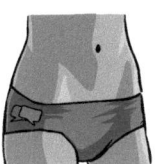

bok
cadera

koleno
rodilla

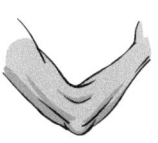

loket
codo

nos
nariz

zadek
trasero

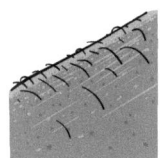

kůže
piel

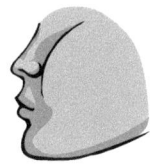

tvář
mejilla

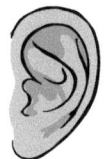

ucho
oído

ret
labio

ústa

boca

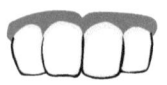

zub

diente

jazyk

lengua

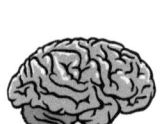

mozek

cerebro

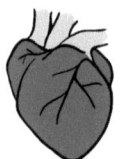

srdce

corazón

sval

músculo

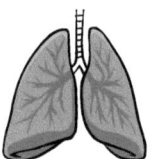

plíce

pulmón

játra

hígado

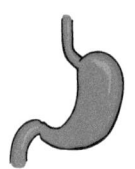

žaludek

estómago

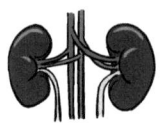

ledviny

riñones

pohlavní styk

sexo

kondom

condón

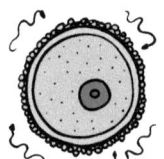

vajíčko

ovario

sperma

semen

těhotenství

embarazo

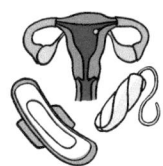

menstruace

menstruación

vagina

vagina

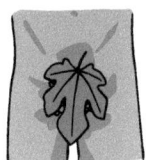

penis

pene

obočí

ceja

vlasy

pelo

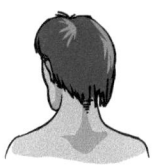

krk

cuello

nemocnice
hospital

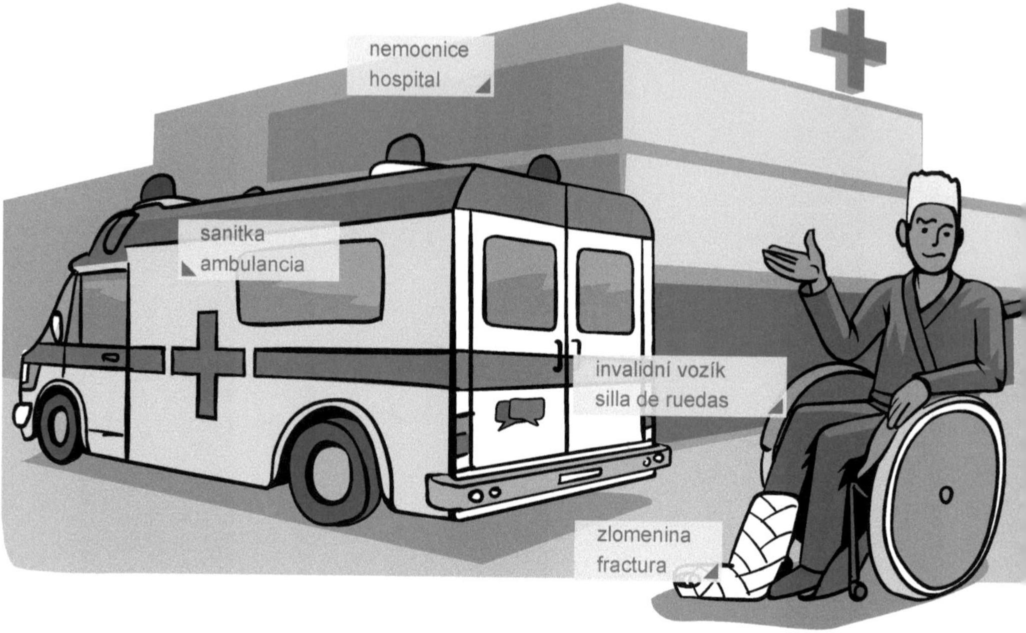

nemocnice
hospital
sanitka
ambulancia
invalidní vozík
silla de ruedas
zlomenina
fractura

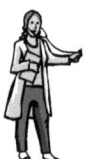

lékař

médico

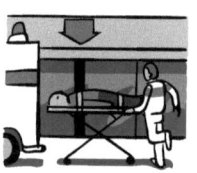

pohotovost

sala de urgencias

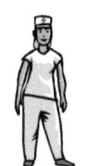

zdravotní sestra

enfermera

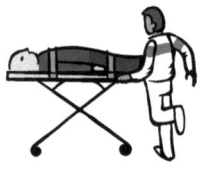

urgentní případ

urgencia

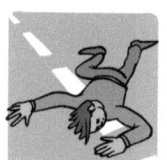

v bezvědomí

inconsciente

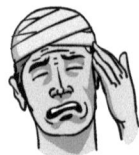

bolest

dolor

úraz
....
lesión

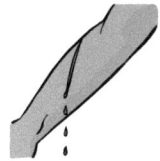

krvácení
....
hemorragia

infarkt myokardu
....
infarto

cévní mozková příhoda
....
ictus

alergie
....
alergia

kašel
....
tos

horečka
....
fiebre

chřipka
....
gripe

průjem
....
diarrea

bolest hlavy
....
dolor de cabeza

rakovina
....
cáncer

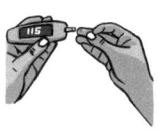

cukrovka
....
diabetes

chirurg
....
cirujano

skalpel
....
bisturí

operace
....
operación

CT
TAC

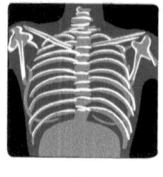

rentgen
rayos x

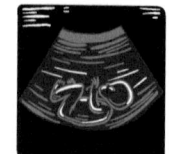

ultrazvuk
ultrasonido

maska
mascarilla

nemoc
enfermedad

čekárna
sala de espera

berle
muleta

náplast
tirita

obvaz
venda

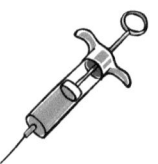

injekce
inyección

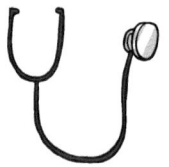

stetoskop
estetoscopio

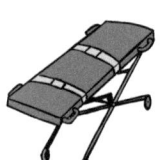

nosítka
camilla

teploměr
termómetro

porod
nacimiento

nadváha
sobrepeso

naslouchátko

audífono

dezinfekční prostředek

desinfectante

infekce

infección

virus

virus

HIV / AIDS

VIH / SIDA

lékařství

medicina

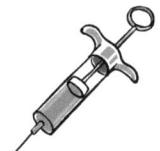

očkování

vacunación

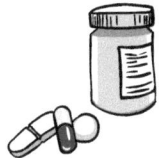

tablety

tabletas

pilulka

pastilla

tísňové volání

llamada de urgencia

tonometr

tensiómetro

nemocný / zdravý

enfermo / sano

nemocnice - hospital

Pomoc!

¡Socorro!

poplach

alarma

přepadení

asalto

napadení

ataque

nebezpečí

peligro

nouzový východ

salida de emergencia

Hoří!

¡Fuego!

hasicí přístroj

extintor de incendios

nehoda

accidente

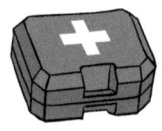

zdravotnická brašna

botiquín de primeros auxilios

SOS

SOS

policie

policía

Evropa

Europa

Severní Amerika

Norteamérica

Jižní Amerika

Sudamérica

Afrika

África

Asie

Asia

Austrálie

Australia

Atlantik

Atlántico

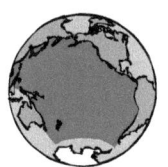

Pacifik

Pacífico

Indický oceán

Océano Índico

Jižní ledový oceán

Océano Antártico

Severní ledový oceán

Océano Ártico

severní pól

polo norte

jižní pól

polo sur

Antarktida

Antártida

země

tierra

pevnina

tierra

moře

mar

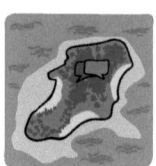

ostrov

isla

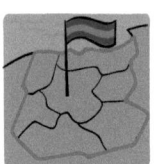

národ

nación

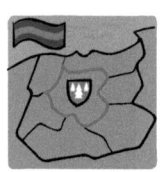

stát

estado

ciferník

esfera

hodinová ručička

manecilla de las horas

minutová ručička

minutero

vteřinová ručička

segundero

Kolik je hodin?

¿Qué hora es?

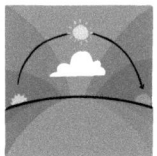

den

día

čas

tiempo

teď

ahora

digitální hodinky

reloj digital

minuta

minuto

hodina

hora

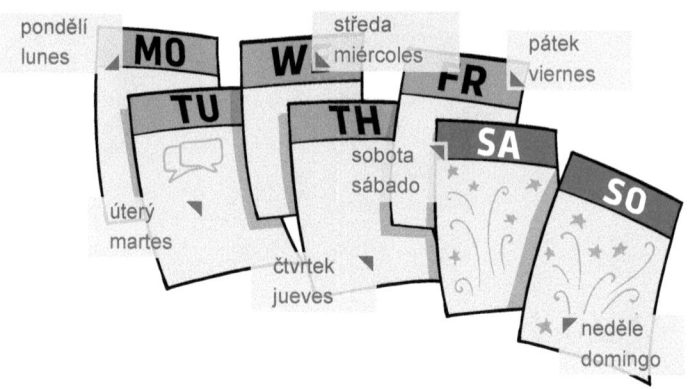

pondělí
lunes

středa
miércoles

pátek
viernes

úterý
martes

sobota
sábado

čtvrtek
jueves

neděle
domingo

včera
ayer

dnes
hoy

zítra
mañana

ráno
mañana

poledne
mediodía

večer
tarde

MO	TU	WE	TH	FR	SA	SU
1	2	3	4	5	6	7
8	9	10	11	12	13	14
15	16	17	18	19	20	21
22	23	24	25	26	27	28
29	30	31	1	2	3	4

pracovní dny
días laborables

MO	TU	WE	TH	FR	SA	SU
1	2	3	4	5	6	7
8	9	10	11	12	13	14
15	16	17	18	19	20	21
22	23	24	25	26	27	28
29	30	31	1	2	3	4

víkend
fin de semana

rok
año

déšť
lluvia
duha
arcoíris
vítr
viento
sníh
nieve
jaro
primavera
léto
verano
podzim
otoño
zima
invierno

4.APRIL 11°
5.APRIL 4°
6.APRIL 13°
7.APRIL 8°
8.APRIL 10°

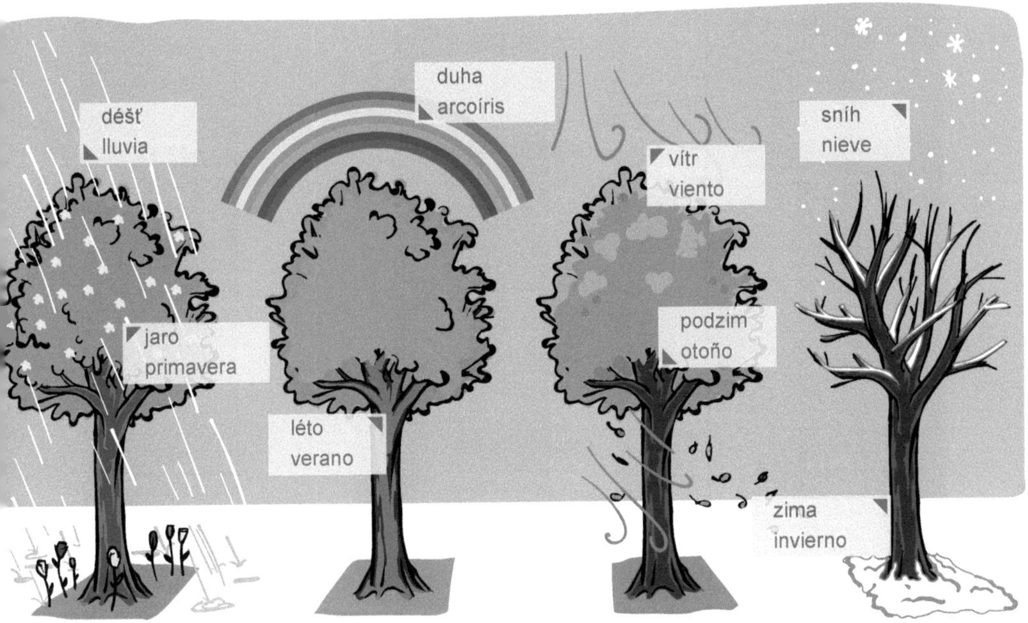

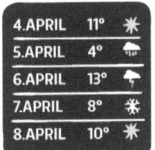

předpověď počasí

pronóstico del tiempo

F
C
120
90
60
30
0
-30
40
30
20
10
0
-10
-20

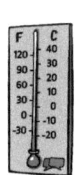

teploměr

termómetro

sluneční svit

sol

mrak

nube

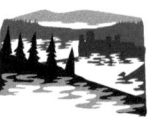

mlha

niebla

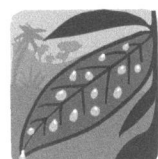

vlhkost

humedad

blesk

rayo

hrom

trueno

bouřka

tormenta

kroupy

granizo

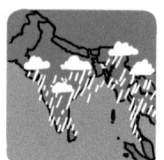

monzun

monzón

povodeň

inundación

led

hielo

leden

enero

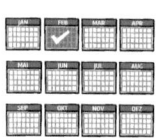

únor

febrero

březen

marzo

duben

abril

květen

mayo

červen

junio

červenec

julio

srpen

agosto

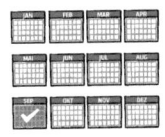

zář\
.................\
septiembre

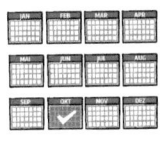

říjen\
.................\
octubre

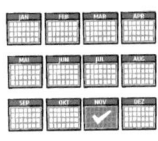

listopad\
.................\
noviembre

prosinec\
.................\
diciembre

tvary
formas

kruh\
.................\
círculo

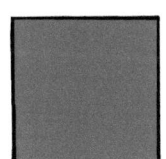

čtverec\
.................\
cuadrado

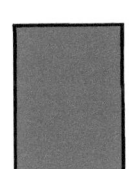

obdélník\
.................\
rectángulo

trojúhelník\
.................\
triángulo

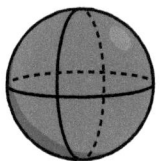

koule\
.................\
esfera

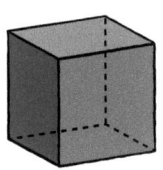

krychle\
.................\
cubo

bílá

blanco

žlutá

amarillo

oranžová

anaranjado

růžová

rosa

červená

rojo

fialová

morado

modrá

azul

zelená

verde

hnědá

marrón

šedá

gris

černá

negro

hodně / málo

mucho / poco

rozzuřený / mírumilovný

enojado / tranquilo

krásný / ošklivý

bonito / feo

začátek / konec

principio / fin

velký / malý

grande / pequeño

světlý / tmavý

claro / oscuro

bratr / sestra

hermano / hermana

čistý / špinavý

limpio / sucio

úplný / neúplný

completo / incompleto

den / noc

día / noche

mrtvý / živý

muerto / vivo

široký / úzký

ancho / estrecho

jedlý / nejedlý

comestible / no comestible

zlý / hodný

malo / amable

vzrušený / znuděný

entusiasmado / aburrido

tlustý / hubený

gordo / delgado

nejdříve / naposledy

primero / último

přítel / nepřítel

amigo / enemigo

plný / prázdný

lleno / vacío

tvrdý / měkký

duro / blando

těžký / lehký

pesado / ligero

hlad / žízeň

hambre / sed

nemocný / zdravý

enfermo / sano

ilegální / legální

ilegal / legal

inteligentní / hloupý

inteligente / tonto

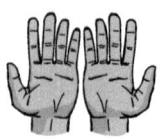

vlevo / vpravo

izquierda / derecha

blízko / daleko

cerca / lejos

nový / použitý

nuevo / usado

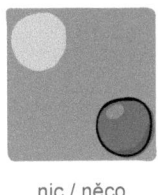

nic / něco

nada / algo

starý / mladý

viejo / joven

zapnutý / vypnutý

encendido / apagado

otevřeno / zavřeno

abierto / cerrado

tichý / hlasitý

silencioso / ruidoso

bohatý / chudý

rico / pobre

správný / špatný

correcto / incorrecto

drsný / hladký

áspero / suave

smutný / šťastný

triste / contento

krátký / dlouhý

corto / largo

pomalý / rychlý

lento / rápido

vlhký / suchý

húmedo / seco

teplý / chladný

cálido / frío

válka / mír

guerra / paz

čísla

números

0	**1**	**2**
nula	jedna	dva
cero	uno	dos
3	**4**	**5**
tři	čtyři	pět
tres	cuatro	cinco
6	**7**	**8**
šest	sedm	osm
seis	siete	ocho
9	**10**	**11**
devět	deset	jedenáct
nueve	diez	once

12

dvanáct

doce

13

třináct

trece

14

čtrnáct

catorce

15

patnáct

quince

16

šestnáct

dieciséis

17

sedmnáct

diecisiete

18

osmnáct

dieciocho

19

devatenáct

diecinueve

20

dvacet

veinte

100

sto

cien

1.000

tisíc

mil

1.000.000

milion

millón

angličtina

inglés

americká angličtina

inglés americano

standardní čínština

chino mandarín

hindština

hindi

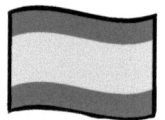

španělština

español

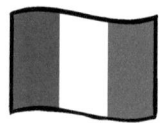

francouzština

francés

arabština

árabe

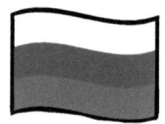

ruština

ruso

portugalština

portugués

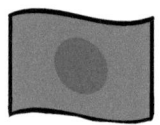

bengálština

bengalí

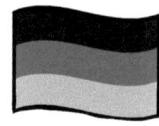

němčina

alemán

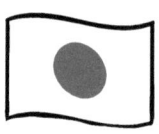

japonština

japonés

já

yo

ty

tú

on / ona / ono

él / ella / ello

my

nosotros/as

vy

vosotros/as

oni

ellos/as

Kdo?

¿quién?

Co?

¿qué?

Jak?

¿cómo?

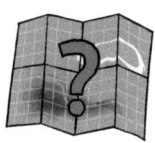

Kde?

¿dónde?

Kdy?

¿cuándo?

jméno

nombre

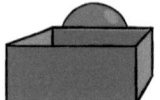

za
....
detrás

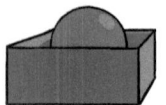

do
....
en

z
....
delante de

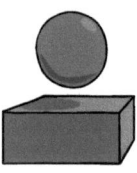

nad
....
por encima de

na
....
sobre

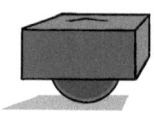

mezi
....
debajo de

vedle
....
junto a

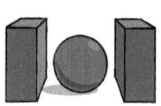

mezi
....
entre

místo
....
lugar